松下幸之助が直接語りかける

成功のために大切なこと

松下幸之助◉[述]

PHP総合研究所◉[編著]

CD付き

PHP

はじめに

パナソニック・グループの創業者、松下幸之助氏は、あるとき、なぜ成功できたかと尋ねられ、運がよかったからだと答えています。自分の力で成し遂げたというよりも、何かそうなる運命のようなものがあったのではないかというのです。

また松下氏は、成功の要因を問われるたびに、〝確かに一商人、一経営者としては成功したほうかもしれない。しかし、自分ははたして一人の人間として成功したといえるのか、いったい真の成功者とはどういう人をいうのか〟と自問しました。そして、みずからに与えられた人間的能力を最大限に発揮することが人間としての真の成功ではないかと考え、それを追い求め続けたのです。

そんな松下氏が大切にしていたものの見方・考え方、成功への道とは、どのようなものだったのでしょうか。折々に語った話の中から〝成功〟に至るためのヒントとなるものを選び、その音声をＣＤに収録しました。各話のテーマに沿ったＱ＆Ａ、松下氏のさまざまなエピソードとあわせて、皆様の仕事の進め方や人生の行き方の一助となれば幸いです。

ＰＨＰ総合研究所　経営理念研究本部

【もくじ】『松下幸之助が直接語りかける　成功のために大切なこと』（ＣＤ付き）

●本書の表記については、講演・講話の忠実な文字化を原則としましたが、重複する語尾を省略するなど、読みやすさを優先しました。そのため、一部ＣＤの音声と異なるところがあります。

●「松下電器産業株式会社」およびグループ各社は、二〇〇八年十月一日、「パナソニック株式会社」等に社名変更されていますが、本書の中では講演・講話およびエピソード当時の社名のまま掲載しています。

●会場の環境など、条件の違いにより各話の録音状況、音質に差異があり、一部お聞き苦しい箇所がありますことをご了承ください。

第1話

真の使命を悟る

私はね、今からちょうど三十一年前にですね、ある宗教を見にいったわけですよ。非常に、友人が勧めてくれましてね。ある非常に大きな宗教団体ですね。そこへぼくを案内してくれたんですよ。それで朝から晩までそのお山を案内してくれたわけですよ。

その人はそのお山へ、信者でありますから泊まりますし、私はまあ晩に帰ったんです。そしてその電車の中で、私は感じたことがあるんですね。それはどういうように感じたかというと、きょう見たあのお山の姿というものは非常に驚くほかない発展の姿であるということでね、非常にいたく胸を打ったんです。というのはその当時、われわれの業界は非常に不景気風が吹いていまして、また破産したり、支払いをしなかったり、まあ、あまり景気のいいときやなかったわけですね。そういうような点が、業界の一つの悩みになっておったんです。私もその業界の一人として、幸いにうまくいっていますものの、そういうことを見聞きして、やはりある不安をもっておったわけですね。ところがきょう行ったお山の、あの繁栄の姿というものは実に驚くべきことである。なぜわれわれの仕事と違うんかということに私は疑問をもったんですよ。

それで私はまあ、分析したわけですわ。分析したというのは、はなはだ申しわけないんですけれどもね、つまりあのお山の仕事はどういう仕事かというと、まあ迷える人と申しますか、非常にいろいろ悩みをもっている人たちに、安心をさす言葉を与えておるわけですね、早く言えば。あなたはこうしなさったら、こうお変えなさったらよろしい。きっとあなたは幸せにいく。まあ病人があっても治りますと、こういうて教えているわけですね。そうするとその人がそれを喜んで、そう安心して幸せにいっている人が多いわけですね、早く言えば。そこにそのお山の繁盛があるわけですね。

ところがそれと引き換えて、私自身の仕事はどうか、また同業者の仕事はどうかというとね、そういう安心の言葉を与えることはしない。しかし現実にですね、生活を支えていくという物をつくって売っているんだと。これはつまり精神の支えにならんけれども、身の支えになりますわな。で、人間というものは、心身ともに健在であって初めて幸せですわな。一方は精神の健全性を与える。われわれの仕事は身の健全さを与えるということでしょう。そうすると、違いがないと私は思ったんですよ。違いがないにもかかわらず、向こうはもう隆々と発展する。われわれの業界はまた破産、また破産で非常にみじめやと。これはおかしいということを私は感じたんです。

どこに違いがあるかというとですね、そこに信念をもっていないということである。あの人たちは、こうすることによって、その人たちをほんとうに救うてあげるという信念に生きている。われわれは、これをやってこれだけ儲《もう》けさせてもらうのやという非常に弱い信念に立っているわけですな。これはいかん。結局、その尊い使命の自覚が足りなかったというところにですね、商売が弱体化してくるんだ。だからもらうべき金もよう取らんのやと、早く言えば。これはいかんということを、ホッと私は気がついたんですよ。

それからね、えらい安心しましたんや、私は。だから向こうの発展よりも、われわれはガラス張りやから、もっと発展するだろうと。それが発展しないということはですね、わが信念に要するに弱さがあるんだ。これをお得意先に訴えないといかんというたら、あくる日から言うことが変わりましたわな。今までは、「買《こ》うておくんなはれ、もう頼みますわ」というようなもんですわ、早く言えば。「安くしまっせ」というようなことを言うているわけですわ（笑）。「あなたこれ買いなさい。買うことによって、あなたはこれだけの便利があるんです」ということが言えますわな。「そうするとあなたお得ですよ」ということになりますわな。また、買う人やなくして、販売する人やったら、「あなたこれ、こういうように売りなさい。そうするとあなた、多くの人に喜びを与え、あなたはこれだけ利益があがる。あなたの生活なり仕事は安定するし、それは尊い仕事なんだ。だから謙虚な心をもってやらなならんけども、誰はばかるところなく正々堂々とやりなさい」と、こういうことが、まあ言えるでしょう。

そうすると今までより強くなりますから、「松下さんえらい強いこと言いまんなあ」というようなもんですわ。「いや、強いって、これが当たり前ですよ」というわけですわね。「われわれは慈悲で買《こ》うてもろうてるんやない。われわれのやっていることが即、その人の利益になるんだ。そういう信念に生きようやないか」と言うとね、得意先がすっかり変わってきたわけですわ。そうするとあなた、グーッと物がよく売れるわけですわ。至極《しごく》簡単ですよ、早く言えば（笑）。

（トップマネジメントセミナーでの話　昭和38年7月15日、68歳）

パナソニックの実際の創業は、大正七年三月七日です。しかし現在、パナソニックでは五月五日が創業記念日と定められています。それは、松下幸之助氏が、この話のような体験を経て事業の真の使命を悟り、それを従業員に訴えて共鳴、賛同を得たのが、昭和七年五月五日であったことによります。正しい使命感と基本理念をもつこと――これが企業の成長、発展において何より大事であると、松下氏は考えていたのです。

Q

どうも仕事に身が入りません。仕事にやりがいや面白みが感じられず、成果もあがらないという悪循環に陥っています。思い返せば、希望の仕事に就《つ》けなかったのがそもそもの原因かもしれません。とはいえ、転職できる年齢でもなく、暗澹《あんたん》たる気持ちです。

A

仕事、職業に対する思いや考え方は、人それぞれです。なかには現在の自分の仕事、職業に何か飽きたらないものを感じている人もいるかもしれません。しかし、それは望ましい姿とはいえないでしょう。もちろん、職を替えるのも一つの行き方ですが、それで必ずしも満足のいく結果が得られるとも限りません。

こんな状態を打開する方法の一つは、自分の仕事の意義を考えてみることです。たとえば、アイスクリームをつくる機械の販売をしている人が、仕事がイヤになってきた。そして〝なぜ自分はこんな仕事をしなければならないのか。アイスクリームなどなくてもこの世は何も変わらない〟とまで考えるようになり、ますますやる気を失っていったとします。

こうした悪循環を断つためには、まず自分の仕事の意義を正しく認識することが肝要《かんよう》です。すなわち、〝このアイスクリームをつくる機械を手に入れたお客さんは、いつでも食べたいときにアイスクリームをつくることができる。子どものおやつとしてつくれば、子どもたちも喜ぶだろう。また食後のデザートに出せば、ご主人に喜んでもらえるだろう。いってみれば、この機械を売ることによって、家庭に喜びをもたらすことができる。だから、自分は社会に喜びを広げる仕事をしているのだ〟と考えるのです。

そういう見方をすれば、〝これは有意義な仕事だから、大いに張り切って進めていこう〟という気持ちになってきて、お客様へのお勧めの仕方にも力強さが加わってきます。おのずと成績も上がり、仕事も面白くなってくるでしょう。悪循環は変じて、好循環となるのです。

松下幸之助氏は著書の中で、このアイスクリームの例を用いて、自分の仕事に使命を見出し、それを信念とすることの大切さを説いています。次のエピソードでは、そうした使命感、信念、経営理念というものが何よりも大切であることを社員に訴えています。

昭和四十四年六月、松下氏はヨーロッパ視察の途中、西ドイツのハンブルク市に立ち寄り、ハンブルク松下電器に日本から出向している駐在員らと懇談会をもちました。

「欧州三カ国の家電の販売店をよく見たが、わが社の商品はみなドイツやオランダのメーカーの商品に負けとるな。現地で苦労している皆さんにまことに申しわけないと思う。弱い商品を外国で売るむずかしさは、私なりによく分かっているつもりや。商品を強くすることが先決やな。そこでぼくに三年の時間をくれないか。三年で、どのメーカーにも負けない商品をつくってヨーロッパに届ける。これはぼくの約束や」

駐在員にとってとてもうれしい話でしたが、そのあと、松下氏はこう言いました。

「一つきみたちにお願いがある。三年たってよい商品ができたとしても、今の松下の弱い販売店網ではダメだ。この三年間でヨーロッパ各国の販売店網をもっと強くしてほしい」

すると、駐在員の一人が質問をしました。

「今のお話は矛盾しています。商品力が弱い状態で、どうして強い販売店網がつくれるでしょうか。強い商品があって初めてできることではないでしょうか」

しばしの沈黙のあと、松下氏は駐在員たちをひと回り見まわしたあと、おもむろに口を開きました。

「松下電器には、商品を売る前にきみたちに売ってほしいものがある。それは松下の経営理念や。経営の基本の考え方や。商品を売る前に、お得意様に〝よい商品をたくさんつくり社会に届けることで、人々を幸せにする〟という松下電器の経営理念を売ってほしい。それが松下の商売の基本や。今の商品でもこれならできる。いや、今よりも強い商品が出てくることが分かっていれば、なおのことできる。これを徹底的にやってほしい」

第2話

家康は家康、自分は自分

最近、山岡荘八という人が家康の伝記を書いておるんですね。あれ今、実業界でえらい流行《はや》ってまんのや。経営する者は、家康の伝記を読めというんです。家康はどういうときにどういう人を使っているか、どういうようにやっているかということが、ちゃんと山岡さん、研究して書いてあるというんです。しかも、面白く書いてある。これは非常にためになるというので、今、実業界の幹部たらんとする人は、みなそれを読んでおるわけです、早く言うとね（笑）。

それでぼくはある人にそれを勧められたんです。「きみも読んだらどうや」と。「それはどういうわけで読むんか」「いやそれはつまりなかなかためになるぞ」と言う。「いや、それはきみね、ぼくはね、あかん」と私は言うたんですよ。「なぜあかん」「それはきみ、家康しかできんことを書いてあんのやろう。家康でない者が家康のとおりしたら失敗するやないか。だからおれはもう読む必要ないと、私は思う」と。

けど、それは面白いから読めとかね、慰安になるから読めとか、軽い参考になるから読めというんやったら、それは読むけども、あれはためになるからそのとおり……となると、これはもうえらい失敗をすると思う。松下と家康とは違うんだ。家康もぼくのとおりやったら失敗するだろうし、ぼくも家康のとおりやったら失敗すると思う。

これは皆さんもそうですね、実際。ここが非常に大事なとこやと思う。「あいつ、うまいことやりおった、おれもあのとおりやろう」と思ったら、うまいことといきまへんわ、実際(笑)。そのいちばん顕著な例はやね、今、橋幸夫という者が非常に人気ありますわな。けど、「あいつうまいことやりよる、おれもあのとおりやろう」といって、やれまへんわ、これは。あれは橋幸夫だけに与えられた一つの性質というか素質ですわな。「あいつは歌でやるけども、おれは歌やない、ほかのことはあいつよりうまいぞ」というて、ほかのことをやれば、それはまた、これで成功しますわ、早く言えば。

だから、当時の家康、まあ武将であります。言い換えると経営者である。いかにそれがすぐれた者であってもですね、われわれは家康と違うんだと。それで家康がやってきたことのとおりをですね、ためになるぞというて読んだんじゃいけないと。そんなことではいけないと。だからそれを参考に読むんならええというて、私はまあ屁理屈《へりくつ》を言うたんですがね。まあ失礼なことを言うなあというて、えらい叱られましたけどもね。しかし私はそう思うんですよ。それじゃ、ぼくは何事でもそうして人の言うことを聞かんかというと、ぼくはまあ非常にきわめて素直な男やからね、何でも聞くんです、早く言えば。

何でも聞くということはどういうことかというと、それは、自分の知恵才覚というものはね、きわめて頼りないもんですよ、ほんとう言うとね。だから、少なくとも、人間一人では生活できませんわね。まあ、それは、サルのような生活は、ある一時《いっとき》はできるかしらんけれども、一人ではできませんわ。これはやはり多くの人が相《あい》寄って社会をつくり、共同生活をしているから、文化やとか何とかいうてですね、そして今日の生活ができると。一人ではできないということは、これは簡単に分かることですわな。われわれの生活というものは、みんな教え教えられて、相ともにこうやっているわけです。決して一人で、ほんとうの意味の独立ってないんです。

そうでありますから、今、家康の伝記を読めというて、ぼくはそんなもの読んだかてあかん、ということも一理あることやと。これは、私は間違ってないと思うんです。それじゃ、何でも自分でやったらええんかというと、私はそうは思わない。何事も人の知恵を借《か》ってやらないといけない、ということも私は考える。

聞くようであって聞かん、聞かんようであって聞くというのがぼくのやり方でんな。これ融通無礙《ゆうずうむげ》って言いまんねん、早く言えば(笑)。そこまでいくと面白いですよ、なかなか。まあ世の中、屁と言うとおかしいけど、屁みたいなもんですわ、早く言うと(笑)。

けど、そうはならん。何か一つのもの、ことを思うて、「これがいちばんいいんだ、これがいちばんいいんだ」というて、「おまえもこれに従え、おまえもこれに従え」というようなことをやる人が非常に多い。ある程度、私はそれでええと思う。それに執《しゅう》してしまうと、それしかないと思ってしまうと、たいへんな間違いが起こるわけである。そして幾多の人が困る。その人が力が強いほど困る。

一人や二人の知恵才覚で、そしてこの世をどうするというようなことを考えることが無理である。自分の知恵を集め、またはたからの知恵を集めて、お互いが相結んで、個性を殺さずに、自己を殺さずに、そしてお互いに共同生活をしていくというところに、私はほんとうの民主主義というものがあると思うんです。

(郵政省近畿管内長期訓練生研修会での話　昭和38年2月26日、68歳)

人はとかく、成功した他人のやり方を真似《まね》たくなるものです。しかし松下幸之助氏は、それでは決して成功しないと述べています。なぜなら人はみな、個性や持ち味が違うからです。松下氏は、徳川家康の例をひきながら、自分に合ったやり方を求めることの大切さと、みずからのやり方を他に押しつける愚かさを説いています。主体性を保ちつつ、しかしそれに固執しない心の柔軟性が、成功のためにはきわめて大切だということでしょう。

Q

私は商品企画の仕事をしています。流行をいち早くつかめるようにテレビや新聞、雑誌を注意深くチェックし、企画に生かしているつもりですが、なかなかヒットを出せません。広告宣伝用のコピーも売れ筋を意識してつけているのに、なぜ売れないのか不思議です。どうしたら売れる商品を企画できるのでしょうか。

A

商品が売れるか売れないかは、世の中の流行と無縁ではありません。はやり廃《すた》りを無視して売り出しても、ヒットさせるのはむずかしいでしょう。しかし、流行だけを意識すればいいかというと、そういうわけでもありません。企画する人の思い入れや熱意、そこから生まれる工夫、言い換えれば、商品を生み出す人の魂《たましい》が入っていない商品は、いくら見た目が流行に合っているように見えても、ヒットには結びつかないのではないでしょうか。自分が購入者だったらどういう点に魅力を感じて買うだろうか。自分は自分が企画したこの商品を買うだろうか。そういうことを真剣に考えて工夫・改良を加えていくことが、やはり大事なのです。

松下幸之助氏は、「自分を知る」ということを大切にしていました。そして、自分の特性をよく知った上で、主体性をもった行動をとることを説き、その態度を「主座《しゅざ》を保つ」

という言葉で表現していました。と同時に、「衆知《しゅうち》を集める」、つまり多くの人の知恵を集めることの大切さも訴え続けていました。

独りよがりになって、他人の知恵を排除するような態度からは進歩、発展は生まれないが、かといって他人の言うことに流されてしまうこともいけない。常に、自分はどう考えているのか、何が正しいと思うのか、自分は何を望んでいるのかという価値観、軸を明確にもたなくてはいけない。その上で、他人の意見を大いに参考にし、取り入れられるものは取り入れていくことが不可欠だというのです。それが、第2話の講話にある「聞くようであって聞かん、聞かんようであって聞く」という表現に表われています。

次のエピソードでは、たとえ創業者である自分のやり方であっても、社員が何の批判精神もなく、考えもなしに経営手法として使うことを戒めています。


ある日、松下電器の幹部を対象に行われていた研修の会場に、松下氏がひょっこり顔を出しました。研修は、創業者である松下氏の経営理念と実践事例から、日々の仕事、経営の糧《かて》を得ようというものでした。松下氏は受講者である幹部社員を前に、次のように語りました。

「この研修で示されるのは、ぼくはこのときこういうようにやったという一つの考え方、精神やな。けど、今は時代も変わっているから、そのまま通用するかどうか分からん。だから、その精神を今の時代なり、現在の商売の状況に合わせて、自分で考えないといかんな。そやないと〝本読み〟になってしまう。それでは具合が悪い。

研修を受けて、〝なるほど感ずるところがある〟と思ったならば、その感ずるところに自分の個性なり持ち味というものを生かしていく。その生かし方がまずいと、力があってもあかんわけや。だから自分というものの特色を、自分でつかまないといかんな。

まあ、ぼくがやってきたのは、よそで聞いたこともあるけど、大部分は自分の独創的な考えでやったわけやな。けど、まったく独創かというと、そうやない。やはり小さいときからの奉公でいろいろ教えてもらったりしたことが頭に残っていて、そういうものがひらめいて自分を生かしてるわけや。商売でもみんな行き方が違う。それでそれぞれに成功している。だからこういう行き方でないとあかんということはないわけや。やはり自分というものを発見せんとね」

第3話

雨が降れば傘をさす

つい先ほども、新聞記者から質問を受けたんでありまます。「松下さん、あんたは非常に成功したと思うが、あんたの成功はどういうところに成功があったんか、ひとつ話してくれ」ということでありました。私はそれに対しまして、こういう答えをしたんでありま す。それは、「まあぼくの経営方針というものは、天地自然の法によるんだ」と、こういうことを申したんです。「天地自然の法によるというのは、きみむずかしいことを言うな。具体的に言うとどういうことか」と、こういう質問であります。「具体的に言うと、雨が降れば傘をさすということだ」と、こういう話をしたんであります。それはどうも、人をおちょくる（注・からかう）ような話やないかということであったんでありますが、これは私は、皆さんの前で申しあげるのがおかしいのでありますが、自分はそういうことを

〝天地自然の法〟という表現を使ったのでありまして、この経営の、いろいろ実態を見てまいります。また、私ども、今日までいろんな方々と取引きをいたしました。その間、非常に成功しておられる方もございますし、また、失敗をされる方もございました。その両者を比べてみますと、いま申しましたことが、こうはっきり分かるような気がするんでありります。

雨が降れば傘をさすということはきわめて自然の状態でありまして、暑くなれば薄着になる、寒くなれば厚着になるということでございますが、これは、もう誰しもそのとおりやっておるんでありますから、いわばみんなが天地自然の法にもとづくところの生活方法をやっておられるということになろうかと思うんであります。しかし、ことが商売ということに入りますと、どうも天地自然の法にかなったようなやり方をなさらないような経営を、私はちょいちょい見受けるんであります。そういうところは概して失敗していく。そうでないところは成功していく。言い換えますと、天地自然の法にかなった経営法をしておるところは成功していく。

これをさらに具体的に申しますと、アホみたいなことでございますけれども、売れば集金をするということであります。これはもう当然の話でありまして、品物を売れば、必ず集金をするということ。買ったものが一円であれば、一円十銭で売る。これが私は天地自然の法やと思うんです。一円のものを九十銭で売れば、これはもう天地自然の法にかなわないことでありまして、失敗するんであります。これはきわめて当然のことでありますが、そういうことが往々にして行われているのを見受けるんであります。

ある人が金が足りない、金が足りないために、なんとか資金をつくらなくちゃならない。それで、ある人に金を借りにいったということでありますが、その人は、「きみに金は貸さんことないけれども、なぜそんなに資金が足らんのか」という話をしますと、「いや、こうこういうわけで資金が足らないんだ」という話をしたというんですね。そのときに、その人は、「それならば貸してやろう」と言うかどうかというと、その人は言わなかった。なぜ言わなかったかというと、「あんたは資金もってるやないか。あんた、たくさんの債権もってるやないか。自分はみずから債権者の立場に立ちながら、あえて借金をする必要ないやないか」と、こういう答えをしたということでありますが、これは、私は人から聞いたんでありますが、非常に面白いことだと思うんでありまして、そういうバカなことはないとわれわれは思うんであります。

けれども、実際の経営体には、そういうような傾向が非常に強いんでありまして、集金すべき金を集金しないかたちにおいて、一方でどんどん銀行で借金を増やしていくとか、あるいは新規に他で借金をするとかいうような傾向が、実際にあるわけなんです。これは、皆さんのうちにはそんな方はないと思いますけれども、広い社会の経営層にはですね、そういう傾向が非常に強いということを、私も四十余年の経験で知っておるんでありますが、そういう物語を聞きましたときに、なるほど、これは考えねばならんことだというような感じがいたしました。

（日経連主催中小企業経営講座での話　昭和35年9月20日、65歳）

松下幸之助氏は、平凡なことを平凡に、しかし着実になすことを、とても大事にしていました。なぜなら、簡単なようで実はそれがきわめてむずかしいということを、よく理解していたからです。そしてこれこそが、繁栄、成功の要《よう》諦《てい》であると考えていたのです。「道にかなった方針を立て、全員が心を合わせて努めれば、事業というものは必ず成功するものである」とは、松下氏がよく語っていた言葉です。

Q

商売は信用が第一です。そこで、自分が得意先に信用されるのはもとより、自分が相手を信用していることを示すのも大切だと考え、特に大事なお客様には代金の督促《とくそく》などを控えていますが、最近、先方の支払いが遅れがちで困っています。でも、今の信頼関係を崩したくはありません。いい方法はないでしょうか。

A

相手を信用しているということと、支払いの催促をしないということとは、別の問題です。先方にとっては支払いをするのは当然のことであり、こちらが代金の回収をするのも当たり前のことです。伝票や請求書、領収書などの発行に至っては、商売の基本中の基本でしょう。それを毎度毎度、きちんと履行することで、確かな信頼関係が築かれ、お互いに発展していけるのではないでしょうか。

松下幸之助氏は、相手が誰であっても、また誰からの指示や依頼であっても、やるべきことを当たり前にやることを重視していました。

のちに経営幹部となった社員が経理担当の新入社員だったころのこと、来客と応接中の松下氏に呼ばれました。来客はある業界雑誌社の社長でした。

「この人に五円渡してんか」

「はい、分かりました」

社員は席に帰ると五円を封筒に入れ、再び応接室へ戻ってそれを社長に手渡しました。このお金の性格が広告代なのか、松下氏のポケットマネーなのか、気にはなりましたが、松下氏の指示はありませんでした。客の前でそれを尋ねるのもなんとなく気後れがして、そのまま黙って手渡したのです。

「これはおおきに」

社長が礼を言いました。ドアのほうに歩き出した社員に、松下氏の声が飛んできました。

「きみ、お金をお渡ししたら、なんで受取りをもらわんのかね」

叱られた社員は、後年、こう述懐しています。

「金を渡したら領収書をもらうのは常識です。遠慮せずに『どんな性格のお金ですか』と確かめたらよかったのです。ただ私にすれば、人前では尋ねにくい性格の金ではないかという思い込みがあったというか、少し気を回しすぎました。〝公明正大の精神〟と、堂々と額に社是をかけている会社なのだから、そんな気の回し方は不要だったのです。それにしても、よく正しく叱ってくれたものだと、そのときも今も思っています」

第4話

私の初商売

これは私の一つの事例を申しあげますが、私は十五歳の年に奉公しておりました。数え年十五歳でありますから(満で)十三歳であります。まあ中学校の一年生ぐらいの年格好だと思うんでありますが、自転車屋に奉公しておりまして、お得意先から「自転車を買いたいから見本持ってこい」と、こういうことであります。番頭さんがいつも行ってやるんでありますが、そのときちょうど番頭さんがおらなかったんで――私はそのとき幸吉《こうきち》というておりました――「幸吉、おまえこの自転車を持っていけ」というて、親方さんに命じられたんであります。

私は当時自分で、単独で一台の自転車を売ってみたいという欲望をもっておった、望みをもっておったんです。それで私は非常に勇躍、〝よし、自分が持っていって売ってやろう〃と、こうなりました。で、お得意へ持っていったんであります。私は子どもながらもですね、その自転車の性能、価格、そういうものを熱心に話したわけです。まったく美少年ですもんな、ぼくは、その時分は（笑）。それでその先方のご主人が私の説明をじっと聞いていたんですね。私はそういう望みがあるから一所懸命ですわ。どういうところを気に入ったか知りませんが、立ってまいりまして、私の頭をなでてくれるんです。「きみはかわいいぼんさんやな」というようなもんですわ。「いや分かった、買ってやろう」と、こうなったんです。

　これは夢みたいなもんです、ほんとうは。「買ってくださいますか」「買ってやる。そのかわり一割まけとけ」と、こう言うんです。それで、一割まけてるということはあるんです、実際うちの店でも。で、私はもう「一割も一ぺんにまけられません」とはよう言わん。「承知いたしました。そう申します」と言うて帰ってきた。非常にまあ喜んで、一割もまけて売っている場合もたくさんあることを知っていますから、これで完全に売れた、帰って親方にそう言った。「売ってきました。一割まけて売ってきました」「どういうことでや」「こうこうで」「そんなことあかんやないか」「なんででんねん」「初めから一ぺんに一割まけるという、そんなことあるか。初めは五分まける、こう言うんや。これが商法や。もう一ぺん行ってこい」と、こう言うんです（笑）。

ところが私は不思議にですね、〝それはそうだ、親方さんのおっしゃることはそうや〟と思うてもう一ぺん行きゃ何でもないんですけれども、何だかそれが悲しかったんです。それからそこでしくしく泣きかけたわけです、早く言うと。

とにかくまあ返事が遅れた。先方が非常に急いでおったんで、向こうの番頭さんが来て、「一向返事がないがどうや」と、こうなった。そうすると親方が、「幸吉はあんたの番頭か、うちの番頭か分かりまへんねん。まけてあげてくれって泣きよりまんねん」と、こういうことです。それで番頭さんが帰ってですね、「あのぼんさんね、まけてあげてくれと親方に泣いて訴えてまんねん」と、こうなったんです。それでまたその先方の主人公というのは非常にそれに感動しましてね。「いや、そんなんやったらもう、五分引きで買《こ》うたれ」ということになった。それでまあ、それは売れたんです。

まあ何というかおかしなもんですね、物を売るというのは。そのときにその先方のご主人が、「きみはなかなか熱心な男や。感心した。だからおまえがこの店におるあいだ、自転車はどこからも買わん。おまえの店で買《こ》うてやる」と、こう言う。たいへんな、自転車一台売れただけでもよろしいのにね、永遠におまえがいる限り買《こ》うてやると、こう言うんですからね。これは偉大なる成果ですわ、早く言うと。
そのことを私は考えてみますと、これは事実実験したことです。値段の適正ということはまことに大事であるが、それ以上に大事なものは何かというと、一所懸命に売りたいという熱意から生まれるいろいろの姿であると、私は思うんです。その姿に人は感動する。単にかけひきであるとか何とか、そういうようなことでは偉大な仕事というものは生まれないと思うんです。心の琴線《きんせん》に触れるような真心のこもった行動においてこそ、私は一切を超越してものが生まれてくるというふうに感じるんであります。

（大阪証券協会主催教養講座での話　昭和37年4月9日、67歳）

真心のこもった一所懸命の行動のなかにこそ、周囲の人を感動させ、仕事を成功に導く基本があります。しかし、実際にいついかなる場合にも、誠心誠意、熱意をもって事に当たるのは容易なことではありません。それだけに、日々の実践を大切にしたいものです。

Q 仕事で大失敗をし、お客様に迷惑をかけてしまいました。せっかく築いてきた信頼関係が一気に崩れてしまい、すっかり自信がなくなりました。

A 〝失敗は成功のもと〟〝禍《わざわい》を転じて福となす〟というのは古くからの格言ですが、松下幸之助氏もこれを実践してきました。たとえば、ある大学の先生から、学校で購入した松下電器の製品に故障があったという苦情の手紙が届いたことがありました。そのとき松下氏がすぐに担当の最高責任者を行かせて誠心誠意説明し、適切な処置をとった結果、先方の怒りもとけて非常に喜ばれたばかりか、かえって好意をもってくださり、他の学部のこういうところに売ったらどうかということまで教えてくれたそうです。松下氏は著書の中でこう述べています。

「一つの過ちをしたことが機縁となって、かえって大きな縁が結ばれ、以来私どものファンになってくださる、というような傾向が、さまざまな面にあったように思うのです」

次のエピソードは、熱意と誠意がお得意先を動かしたという話です。

昭和四十年。新販売体制に移行することになった松下電器の各地区営業所長は、販売会社、販売店の理解を得るために奔走《ほんそう》していました。いよいよスタートも間近というある日、四国の営業所長のもとに、営業本部長から電話が入りました。四国の販売店のなかで一人、新販売体制に猛烈に反対している方があって、その人から電話があったという内容です。営業所長は答えました。

「まあ、そういう人もいますが、解決は時間の問題と思っております。ご安心ください」

そのとき急に、営業本部長に代わって松下氏が電話口に出ました。

「これは社運を賭《と》しての仕事だから、一人でも反対があればやってはならないとぼくは思う。きみも、先方によくお話をして、分かっていただけるまではやらないと、そういう気持ちでやってほしい。まあ、一週間かかろうが、一カ月かかろうが、とにかく分かってもらえるまで、きみ、話さんとあかんで」

営業所長が時計を見ると、五時半でした。今からなら六時の最終の列車に間に合う。

「これからさっそく先方へ行ってお話ししてきます」

「そうか、そら結構なことや。ぜひひとつ頼むで」

反対している人からの電話に、すぐに営業所長を差し向けた松下氏の、また遅い時間にもかかわらず、その日のうちに出向いていった営業所長の熱意が伝わって、その後三回の懇談を経て、猛烈な反対者は頼もしい協力者に変わったのです。

第5話

二軒のぜんざい屋

人間というものは、とかく自分のすることが正しいというような見方によく陥るもんであります。商店の経営でも、自分の商店の経営は正しいんだという考えに陥る場合があります。しかし、その商店は発展しない。はなはだしいのに至っては、自分のやっていることは正しいけれども、買うお客さん方が間違っているんだ、だから自分のものを買ってくれんとよそのものを買うんだ、だからうちは発展しないんだというようなことを考える人があるかもしれない。そういう考えは、これは失敗であります。

しかし、自分の店が流行《はや》らない、お客が来ない、どこに原因があるんだろうか、品物が悪いんであろうか、サービスが悪いんであろうか、自分の勉強が足りんのであろうか、説明の仕方がまずいんであろうかと、いろいろ考えてみて、そして他と比較して、なるほど、こういう点がまずかったということに気づいた商店は、逐次《ちくじ》客を集めることが、私はできるだろうと思うんです。

同じ千日前《せんにちまえ》（注・大阪市中央区の地名の一つ）に、ぜんざい屋が二軒あったとします。同じぜんざいをやっているんだから、同じように場所が繁栄しなくちゃならんと思いますけれども、一軒のぜんざい屋は常にお客さんが満員である。一軒のぜんざい屋は、そのあおりだけをもらっているというようなことも実際にあります。どういうわけかというと、いま申しましたようなことに、私はなっていると思うんですね。だから、ぜんざい屋さんにいたしましても、どうすれば客が喜ぶようなぜんざいをつくることができるかというような（ことを考える）熱心な店主であるならば、私はやはり、多数の人に喜ばれるようなぜんざい、その味というものが、発見できると思うんです。で、そういう店は必ず発展すると思うんです。うどん屋またしかりであります。

しかし、そういうことをしない、まあこのぐらいでよかろう、というようにやっているぜんざい屋さん、うどん屋さんは、私はやはり人気がなくなるだろうと思うんです。全身全霊を打ち込んで、自分の仕事に生命を懸けると申しますと少しオーバーな言い方かもしれませんが、そういうところに喜びを感じるような商店の経営者というものは、私は成功していくと思うんです。

これは会社でも私はそうだと思う。多数を擁《よう》する会社であっても、全員打って一丸としてそういう傾向があると、その会社は必ず発展していくだろうと思います。時に失敗する場合がありますけれども、その失敗によってさらによりよき道を発見して、今度はすぐれたものをつくるというようなことになりまして、やはり向こうの会社のものはいい、時に悪いものがあるけれども、だいたいとしてはいいということになれば、信用がだんだんついてまいりますから、発展をしていくだろうと思うんであります。発展の道というものは、至極《しごく》私は簡明なものだと思うんです。むずかしくないと思うんです。ただ、是と思うことを勇気をもってやるかどうかということであります。

（松下電器社員への話　昭和41年3月5日、71歳）

どうすればお客様に喜んでもらえるかということに全身全霊を傾けて取り組み、そこに喜びを感じるお店は必ず成功すると、松下幸之助氏は言います。さらに「一太刀《ひとたち》誤れば首が飛ぶほどの真剣さ」をもって仕事をしてこそ名人になれる、だから寸秒を争うほどの熱心さが大事だと、著書の中で述べています。

Q 仕事で残業をしたり徹夜をしたりするのはスマートな働き方ではないと思います。もっと要領よく、しかも成果のあがる働き方はあるでしょうか。

A 仕事の仕方の効率が悪いために長時間働くのでは、心も体も疲れるばかりです。やはり短い勤務時間で高い成果があげられるなら、それに越したことはありません。しかし大事なのは、単に効率だけではありません。まして見た目のかっこよさでもありません。どれほど真剣に、命を懸けるほどの思いで取り組んでいるかが、結果として成果を左右するのです。「要領よく」と考えるばかりでは、成功は遠いでしょう。いかにお客様のために、社会のために尽くすかと考えることこそが、成功を導くのです。

ある商品に不良が出たとき、松下幸之助氏が営業部長を呼んで尋ねました。

「きみな、これ、きみ自身で試してみてから出したのか」

「製造や技術の皆がいいということでしたから、安心して出しました」

「それはいかんやないか。きみら、たまにソバを食べにいくやろ。川端で働いている夜《よ》なきソバ屋（注・夜遅くまで路上でソバを売り歩く人のこと）のおじいさんの働いている様子をじっくり見たことがあるか。おじいさんは下ごしらえのだしをつくるときも、味をみながら、お客さんに出して恥ずかしくない味か、喜んでもらえる味かと心をくだいている。そしてお客さんがソバを食べて『ああ、これはうまい』と言ってくれたら喜んでいる。おじいさんが満足するのは、お客さんの満足した姿を見たときや。それがほんとうの経営者や。きみは自分が出す品物の味見もせずに、自分で使ってみもせずに出している。ソバ屋のおじいさんを見習わないといかん」

もう一つエピソードをご紹介します。これは、モーターを販売する代理店が集まって会議を開いたときの話です。

松下氏の話が終わり、質疑応答のなかで、ある代理店の店主がこう言いました。
「松下さんには、現金もしくは二カ月の手形で支払いをしております。しかし、このモーター業界というのは、そんな業界ではないんです。四カ月の手形、五カ月の手形というものもある。大きな会社ほど、そういうものです。まして、昨今の非常に悪い経済情勢下では、お得意先のなかには倒産して回収不能になるところもあります。にもかかわらず松下さんは、現金もしくは二カ月までの手形で、三カ月以上になったら利息をとる。これはちょっと厳しすぎることはありませんか」

その質問を聞いて、それまでニコニコしていた松下氏の表情が変わりました。

「私どもは、どんな商品であっても全身全霊を傾けてつくっています。それを倒れるようなところへ売るとは、いったいあなたはどういう了見《りょうけん》ですか。もしそういうことであるなら、もうこの仕事はやめてください。私らの汗と脂《あぶら》を何と思っておられるんですか！」

激しい口調でした。しかし、そのあと、松下氏の表情がホッと和らぎました。

「まあ、そうですけどね。いろんなケースがあると思いますから、遠慮なく相談してくださいよ」

ところが不思議なことに、会議のあとの懇親会で、その代理店の人は「きょうは松下さんに叱られた。しかし松下さんの言われるとおりだ」と感激の面持《おもも》ちだったといいます。

販売代理店というのは、メーカーにとってはお客様です。そのお客様を叱るなどということは、ふつうはありません。松下氏があえて厳しく叱ったのは、それほどまでに真剣に仕事に打ち込んでいることの証《あかし》です。手形決済はメーカーも代理店も業界も疲弊《ひへい》させる悪い慣習だと考えていた松下氏。代理店にも真剣な商売をすることを求めたのは、お互いの繁栄を心から願ってのことでした。

第6話

なめてみて初めて分かる辛さ

水泳の先生がですね、三年間講義をした。そしたらその講義を受けた人が泳げるかというと、泳げないと私は思うんです。いかがでしょうか。毎日机に向かって、こういうときにはこういうように足をやるんだ、こういうときにはこういうように手を広げるんだ、こういうときにはこういうように息をするんだということを、三年間講義した。よく分かりましたというて、その人がどぶんと入ったら泳げるかというと、泳げないと思うんですね。

水泳をできるというのはですね、そういう講義ももちろん大事であります。オリンピックで勝敗を決するような場合には、我流ではダメです。理詰めの戦法をもっていかなならん。だから大事であります。けれども泳げるということは、水に浸《つ》かってみて、一、二杯、水を飲んでみるというような訓練によって、初めて私は会得《えとく》できるんだと思うんです。

ところが、今日のお互いがですよ、そういう講義を聞いて、われ事成れりと考えているというような場合がありはしないかどうか。講義を聞いたら、翌日実行してみる、実行してまた講義を聞くということを、並行にやらなければならないというきわめて平凡なことがですね、どれほど大事な問題だとして、お互いが考えられているかどうか。これは水泳だけやありません、一切のわれわれの人生の航路にですね。

このことは、塩の辛《から》さというものかて同じことですな。塩をなめてみんとね、塩辛いぞと言うたって、皆さん分からないです、ほんとうは。それは生まれ落ちるときに、塩も食べさせてもらい、砂糖もねぶらせてもらいしてね、これは与えてもらわなんだら、塩というものは辛いもんやでと言うたかて、分かりまへんわ。塩の辛さは、なめて初めて、ああこれが塩やなということが分かる。

人生のコツとでも申しますか、人生の一つの事柄を会得するということは、事をやって、そのやっていることに、仔細《しさい》にものを考えていくところから、その味を会得するんやないかと私は思うんです。

ものを習い、かつそれを試し、試してさらにそれをなすということを交互に繰り返しているところに、ほんとうの力が湧いてくるということですね。それを怠ってはならないと私は思うんです。

だから、それが、物心一如《ぶっしんいちにょ》ですね。要するに頭で考えて身で行う、行なって頭で考えていくところに向上していくんですね。それは皆さん、自然にそういうことをやっておられるから、あまり意識しておられないかもしれない。しかしこれは非常に大事なことだということを、この際にひとつ申しあげておきたい。三年の水練の講義だけでは泳げないということを申しあげたい。

とかく世の中には、餅を描いて、これ食べられると思っている人が多いんやないかと思うんですね。絵に描いた餅は食えませんわ、これ、実際言うたら。焼いたら燃えてしまいますわ、早く言えば。そういうようなところの、そのまあ文道《あやち》（注・違い、差異、区別の意。近世上方《かみがた》で使われた言葉）というものを、どう説明してみたらいいか、私、分かりませんがね、私はなんかそういう感じがするんです。

（４Ｈクラブ総会での話　昭和38年９月４日、68歳）

松下幸之助氏の人生の歩みは、実践して考え、考えてはまた実践するということの繰り返しでした。そうしたなかから、単に人から教わったものではない、みずからの身体でつかみ取った知識や知恵を蓄積していったのです。そしてそれが、松下氏の山あり谷ありの人生をしっかりと歩み通す大きな力になったということではないでしょうか。

Q

販売計画を担当しています。官公庁や業界団体が出している各種の統計をもとにきっちり予測を出しているのですが、上司には「積極的に会社の外に出て調べろ」と言われます。ほんとうにそんなことが必要なのでしょうか。

A

現代では以前に比べ大規模な調査が容易になり、詳細なデータが手に入りやすくなっています。しかし、お客様の生の声を聞くことは、いつの時代でも商品の開発や販売において何より貴重なヒントを与えてくれるものだといえるでしょう。

松下幸之助氏は、「現実」というのは「万巻《まんがん》の書物」であると述べ、実地の調査や観察をとても大事にしていました。次のエピソードは、戦後アメリカからわが国にマーケティングの手法が導入される二十数年も前に、実地のマーケティング活動を行なった話です。

大正十二年、松下氏は自転車用の砲弾型電池ランプを考案しました。そのころ、自転車用の灯火は小田原提灯《ぢょうちん》（注・使わないときは折りたたんで腰にさし、使うときには伸ばして広げられるようにした細長い提灯）や石油ランプで、風が吹けばすぐ消えてしまうものでした。電池式もあるにはありましたが、寿命が二、三時間で、故障も多かったため、四、五十時間も点灯するこの「砲弾型ランプ」は文字どおり画期的な新製品でした。

しかし発売当初は、「電池式はあかん。すぐ壊れよる」と、問屋も相手にしてくれません。そこで松下氏は、〝自転車店での三十時間以上点灯試験〟という思い切った方法で成功の道を切り開いていきました。

発売後、二、三カ月したころのことです。松下氏の頭を、一抹の不安がよぎりました。「確かに自転車店まで、品物が行っていることは行っているが、ほんとうにお客さんに売れて、喜んで使ってもらっているのだろうか。実際に使われている状況を見、お客さんのご意見も聞いてみないことには……」

そこで、松下氏をはじめ社員が、日暮れになると十銭のうどんで腹ごしらえをし、辻々に手帳と鉛筆を持って立つことになりました。往来する自転車の灯火がロウソクか石油ランプか、あるいは「砲弾型ランプ」かを、一つずつ丹念に調べます。その個数を手帳に記録し、持ち帰って検討する。もちろん、数を数えるだけでなく、ちょっと時間をいただいて、使い勝手やご意見をつぶさに聴取しました。夜のこの実地検分は、やがて町の辻々に立つことから、さらに自転車置き場を回ることに発展していきました。

「砲弾型ランプ」は、需要家の不便を打開しようとしてアイデアが生まれ製品となりました。そしてさらに、需要家に直接評価を求めることでヒット商品となっていったのです。

第7話

心を打たれた〝ある車夫の心意気〟

私が、ちょうど皆さんと同じ年配のころに、非常に感じたことがあるんです。どういうことを感じたかと申しますと、大阪駅の前でありますが、今から五十年ほど前のことでありますから自動車はございません。あの駅頭には、ずっと人力（車）が並んでおったんであります。旅客が降りてまいりますと、歩いて町へ出る方、あるいは人力を利用される方も（あって）さまざまでありますが、そのなかに、一人の客が、ずっと並んで待っているところの人力車夫に、「船場《せんば》（注・大阪市内の一地域名）のどこどこへ行け」ということで乗ったんです。その車夫は、年齢まだ二十四、五の若い人であったということであります。

あの当時、非常に車賃《くるまちん》も安い、十銭、十二銭というようなときであります。ところが車賃をくれるときに、十五銭の車賃を二十銭くれた。五銭ようけ（注・余分に）くれた。それでその車夫は、これは多いということで、お客さんのたもとをつかまえて、「ちょっと待ってください。おつりをさしあげますから」とこう言う。襟《えり》を正すとでも申しますか、粛然《しゅくぜん》としたかたち（注・姿）になって、そのおつりを「持って帰ってくれ」と、こういうことです。

その人は、「いやもう、これはきみに祝儀《しゅうぎ》にあげる」と言うと、「いや、それは要《い》らない」「いや、あげる」「要らない」と言うて、ついにそのお客さんはしかたなしに五銭のつりをもろうて帰った。この車夫が後日、相当成功したという話を、私は今から五十年前に聞いたんであります。

私はそのときに、いたく心を打たれたんです。その車夫は偉いと私は思うたんです。たくさんの車夫のうちには、その五銭の、いわゆる祝儀に属するようなものをもろうて喜んでおる人もたくさんある。しかしその青年は、十五銭の車代を二十銭もらうということは許されないことだと感じたんでしょうね。そこに私は、その青年の心の豊かさと申しますか、偉さと申しますか、正しさというものがあろうかと思うんです。

今日われわれは、そういうことは一つの礼儀として、まあ祝儀をもろうたり受け取ったりすることはあります。しかし、祝儀をもろうたりする場合があっても、それには何らかの意味が含まれている。ただなにがなしに十五銭のところを走ったからというて五銭もらうということは、一人前の男子として潔くない。そういう意味の金をとってはならない、というようなところに、その車夫の青年の心意気があったとでも申しますか、まあそういうことであった。その人が、のちにえらい成功しはったんだと、こういうことを聞いたのが、私の耳にこびりつきまして、非常に私は感動をしたんであります。

私はその後、商売をするようになりまして感じましたことは、そのことであります。この青年に負けないような心意気をもって仕事をしなくちゃならない。この青年に恥ずかしくないような商売の仕方をしなくちゃならないというのが、私の胸を始終、支配しておったと思うんであります。

したがいまして、私の口から言いますと、はなはだ当を得ないのでありますけれども、あえて言わせていただきますと、私は小さいかたちにおいて商売をいたしましたが、その商売ぶりと申すものは、非常に公明正大であったと私は思うんであります。今日、幸いに多くの方々からごひいきをこうむって、今日の私の仕事が成り立っておりますことも、私はそういう意味の公明正大な心持ちによって経営されておるところに、ごひいきを頂戴いたしておるんだというような感じをいたしておりまして、ただひと言、そのときに聞いたその感動は、今日も私の胸に脈々として生きておるんであります。

皆さんは、どういう立場でお仕事をしておられますか、さまざまなお仕事をそれぞれもっておられると思うんであります。しかし、皆さん、ことごとく、お互いが社会生活をしていく上において、なくてはならない、みな仕事をもっている。その仕事がお互いに交換されて、お互いの生活というものが維持されていく。そしてそれがだんだんとお互いの分量が増えていくところに、社会の発展というものがあろうかと思うんであります。

そういうような、いろいろの複雑な場面に立っておられますが、その仕事の中心に公明正大なものの考え方というものをおもちになっておられるかどうか。〝儲《もう》かったら得だ〟〝よけい収入があったら、それが幸いだ〟というような、私は貧困な考えではいかんのではないかという感じがするんであります。自分の力に相当した待遇というものを世間から受けることは、堂々と私は受けていいと思うんであります。しかし、自分の力にもないような待遇を受けるということは、恥ずかしいことであるし、またやがて困ることになろうと思うんであります。

（大阪市成人式での話　昭和38年1月15日、68歳）

松下幸之助氏はこの講話の中で、〝心意気〟〝潔さ〟〝公明正大〟を是とし、これらと対立する姿勢を〝貧困な考え〟としています。そして貧困な考えにとらわれることは恥ずかしいことだと述べています。

誰にも迷惑がかかっていなければいいとか、人に気づかれなければいいというものではない。自分の良心に照らして一点の曇りもないだろうか、自分自身に恥じる点はないだろうかと問い続け、みずからを律し続けることが、結局は成功に結びつくと松下氏は訴えているのです。

Q 今の世の中は競争が激しく、うかうかしていたらライバル会社に出し抜かれてしまいます。相手に勝つためにはどんなことが必要でしょうか。

A 松下幸之助氏は商売において、できるだけかけひきをしない行き方をとっていました。たとえば値段を高めに設定しておいて売るときにまける、というような方法はとらなかったのです。ありのままの姿、ありのままの値段を提示して商売をしていました。時にそれで失敗することがあっても、六割うまくいっていれば、それで十分だと考えていました。他人を出し抜くというような考えはもたず、素直に、誠実に事に当たるほうが、結果的には信頼を得られ、成功への近道になるということだったのでしょう。

そんな松下氏の行き方が表われたエピソードを二つ、ご紹介しましょう。

松下電器が、当時の主力商品であったソケットの材料となるベークライトをつくる工場がほしいと考えていたころのことです。あるとき、そのどちらもつくっている電器会社が行きづまり、経営を引き受けてくれないかという話がもち込まれました。松下電器としては好都合でした。かねがねほしいと思っていたベークライト工場が、向こうから飛び込んできたのです。さっそく買収することを決定し、具体的な交渉に入りました。

そのときの松下氏の指示は、「安く買ってはいけない」というものでした。相手は倒産しかかっており、弱い立場にあります。相当安く買い叩いたとしても、相手も世間も納得するでしょう。しかし、松下氏は値切ることをせず、相場でその工場を買ったのでした。

「松下電器がベークライト工場をつくるのであれば、みずからその研究・開発をしなければならない。そうなると、多くの資金が必要になる。ところが幸いにして、ベークライト工場を買収してほしいという話がもち込まれた。その工場は松下電器が必要とする、いわば値打ちのあるものだ。その値打ちで買おう」

もう一つのエピソードは、戦前、ある電気器具をめぐって業界で激しい過当競争が行われていたころの話です。原価を十とすれば、損を承知で八、七といった安値で売っていたため、売れば売るほど損が出る。そんな安売り競争が一年近くも続いていました。

そんななか、各社の首脳が一堂に会して、正しい姿に戻そうということになりました。独占禁止法もない時代のことです。松下氏も小さいながら工場主の一人としてその会合に出席しました。そして、正しい姿に戻すならば早いほうがよいということで、〝即日実行〟

と決定された価格の値上げを、約束どおり実行しました。

ところがそれからしばらくして開いた代理店との会合の席で、こんな話が出たのです。

「松下君、あの電気器具の即日値上げを実行したのはきみのところだけだ。よそのメーカーでは、『一万個だけは』とか『ひと月だけは』と言って、前の安い値段で卸《おろ》してくれた。きみのところだけ即日値上げとはけしからんじゃないか」

松下氏は、約束を守った自分が非難され驚きました。そこで、こう述べました。

「松下のやり方が厳しすぎるといって、皆さんが私をお叱りになるのも一面ごもっともなことと思います。しかし、あれは各会社、工場の代表者が真剣に話しあい、検討し、その結果決めた男と男の約束です。それを他のメーカーが約束どおり実行していないということを、私はきょう初めて知りました。もし皆さんが、そういう約束を実行しないメーカーのほうを頼りにされるのであれば、しかたありません。もうその品物は他から買ってくださって結構です。男と男が交わした正しい約束をキチッと守った私が好ましくないというのなら、以後お取引きしていただけなくても、それはそれでしかたがありません」

松下氏がそう言うと、それまで盛んに苦情を言っていた人たちも、「それは松下君、きみのほうが立派だ。これからもきみのところで買うことにしよう」ということになって、かえって松下電器に対する信用が高まったのです。

第8話

素直な心で自力を判断する

そこで、私の体験を一つ申しあげますが、私は今日まで四十三年間、極小の商売から、今日では、まあ日本でも大きな企業の一つにまで皆さんのご愛顧によってしていただきました。この限りにおきまして私は非常に感謝いたしております。

しかしこの間に、全部が自分の意思によってやってきたかというと、私はそうでないと思うんでありあます。世間では、私のことをワンマンとか何とか言う人もございます。あるいは、形はワンマンのような形であるかもしれないけれども、私の心は、決してワンマンでないと思うんでありあます。

また、時々刻々、迷いというものがついて回ります。その迷いのときに、自分は自分で判断いたします。なるべく素直に判断しようということを、自分は心がけてまいりました。そして、この仕事はしてええ仕事だと、こういうように自分は考える。そして、非常にこれに対して確信がもてたときには、私は幹部の人に話をして、「こういうようにやりたいと思う。間違いないと自分は思うが、諸君はどうか」と、こう言う。

「いや、それは社長結構ですな。私は非常にそれに賛成だ。成功するように思います」「きみらもそう思うか。私もそう実は思うておるんだ。それには、今、資金はこういうふうにある。また、それをやるのに人もこういうように育ってきている。だからやろう」とやってきたわけであります。これは成功したんです。

しかし、そういうように成功したものもありますが、時には、自分はやりたい、やりたいと思うけれども、それだけの力があるんかな、どうかなということが、自分で判断のつかんことがございます。これは皆さんも私はおありだろうと思うんです。そのときに自分はどうしたかというと、自分で判断のつかんことは、きわめて簡単であります。他に聞くことであります。いわゆる先輩といいますか、あるいは同業者のうてもですね、第三者に自分はすっかり打ち明けて、「今、こういうことで迷っておるんだ。あんたであればどう思うか」と、こう尋ねるんです。

「それは松下君、あかんで」「それは松下君、きみの力やったらやれる」と、まあいろいろそれは言うてくれます。そのときにピシッと自分が得心できたら、そのとおりやります。得心できない場合は、また他に人を求めて私は聞いてみます。「ぼくはこういうことで迷うとって、ある人に聞いたら、『いいと思う』って聞いたけど、まだ判断がつかんのや。あんたはどう思うか」と、こう私は聞いてみます。まあ、その人はその人で、また違った見方で、「それは松下君、こうだ」と、こう言うんです。そうしてその二人ともですね、非常に賛成したことになったならば、私はこれを多少の危惧《きぐ》があってもやります。しかし二人とも反対であれば、やりたいなと思うても、これはやめようというて私はやめて、それはまた時節を待とうということで、一年なり二年なり延ばした。そういうことを自分は何回かやりつつ、だんだんと大きくなってきたんであります。

したがいまして、私の事業の過程というものは、ほとんど成功の連続であります。失敗ということは、ほとんどございません。それは、失敗しないようにちゃんと用意しているわけですね、早く言うと。これは、私は自慢で言うんじゃありませんけども、自分の感懐《かんかい》を申しあげているんです。誤解のないように聞いていただきたい。

（住友銀行第六回住友講演会での話　昭和38年2月21日、68歳）

松下幸之助氏にも、事業経営を行うなかで時々刻々、迷いがありました。そのようなときは周りに意見を求め、その意見からもう一度、自分の足もとを見つめ直して決断したといいます。

自分の希望や考えに固執してはいけないが、かといって他人の意見に引きずられてもいけない。「何が正しいか」を求めて、とらわれのない素直な心で事に当たることが、失敗をなくす最善の策だということでしょう。

Q

私は今、あるプロジェクトを起こそうという思いに燃えています。でも周囲は、時期尚早《しょうそう》だ、などと言って私の熱意に水をさします。〝鉄は熱いうちに打て〟というように、やりたいと思うときがやるべきときだと思うのですが。

A

おっしゃるように、ものごとをなすときに熱意は欠かせません。松下幸之助氏もしばしば成功の条件の第一として熱意をあげています。しかし、そこには「正しい熱意」という但し書きがつきます。いくら溢《あふ》れる思いがあっても、実力が伴わなければ成功はおぼつかないでしょう。松下氏はこうも言っています。

「熱意があれば知恵が生まれる。新しい商品をつくりたいと、ほんとうにそう考えるのであれば、人に素直に教えを乞《こ》う、指導を仰ぐ、謙虚に耳を傾けるということもできる」

次のエピソードは、松下氏が〝松下政経塾〟を設立する際の話です。

昭和四十一年、松下氏はある会の席で、二十一世紀の日本を担う人材を育てるという〝政経塾〟設立の構想について話し始めました。その趣意書が参加者に渡され、松下氏は、みずからの思いを切々と訴えました。

しかし、反応はきわめて冷めたもので、賛意を表わす人は一人もいませんでした。

「松下さん、あなたは経営者だ。汚い政治に手を出せば名声は失われてしまいますよ」

数日後、その会に出席していた社員が松下氏に呼ばれ、こう指示されました。

「あの席であまり発言されなかったこの方々をお訪ねして、意見を聞いてきてほしい」

しかしその答えも同様で、賛成する人はいません。報告を受けた松下氏は、「そうか。ご苦労さん」と言っただけでした。社員はその後、〝政経塾〟のことは忘れてしまいました。しかし、なんと十二年後の昭和五十三年に改めて〝松下政経塾構想〟が発表され、翌年、構想は実現したのです。社員は松下氏に、なぜ今決心したのかを尋ねました。

「今度も反対されるかと思っていたが、誰も反対しない。それどころか逆に大いにやりなさいと言う。時代が変わったんやな」

最初だけ熱くなるのでなく、その思いをもち続けて時機を待つことも時には必要です。

また、松下氏は、大きな決断の前には必ず多くの人に意見を求めつつ事を進めましたが、素直に考えてやはり自分の結論が正しいと思う場合は、百人が反対しても断固実行することもあったといいます。いずれにしても、とらわれず、こだわらず、偏らず、素直な心で人の話を聞いた上で決断することが大切だといえるでしょう。

第9話

治に居て乱を忘れず

昔からの言葉に〝治《ち》に居て乱を忘れず〟ということがあります。〝治に居て乱を忘れず〟ということは、これは私が言わなくても皆さんがお知りになっておられると思うんです。平和が十年続いてまことに天下泰平というて、それに酔ってはならんということでありま す。いつどういうことが起こってくるか分からんから、一方で平和を楽しみ、そうして人生を楽しんでいくことはよろしいが、そういうようなかたちのなかにいつ風が吹いてきても、それに対処する心がまえというものはキチッと養いもっておらなならん、ということを教えたものだと思うんです。

しかし、とかく人間というものは、十年平和が続く、十年安泰が続くと、治に居て乱を忘れるという傾きになります。言い換えますと、非常に内部に脆弱《ぜいじゃく》性というものがかもされてくるんであります。常に荒波に立って対している、常に乱に直面していると、それはそういうようにならないんであります。たえず心がまえというものは緊張しています。しかし、これは一面にいいが、一面にそれは決していいことじゃありません。そう常に乱ばかりに対するような姿は人生の望みではありません、目的ではありません。やはり泰平にして平和な生活を楽しむということが、われわれの欲するところであります。しかし、だからといってそういうことに慣れますと、人間というものはとかくその平和に酔いしれてしまうという傾きがございます。

長年天下をとっておった平家は、富士川において水鳥の音でみずから敗走して去ったというあの姿は、治に居て乱を知らなかったという姿の一つの表われだと思うんです。遠い平家の昔を思わなくても今日の時代に、われわれはそういう轍《てつ》を踏んでおることがありはしないかどうか。この前の戦争のときでも、私はそうだと思うんです。この前の戦争がなぜ起こったかということを考えてみても、勝利に酔うておったところに、ああいう大失敗を招いたんだろうと思うんです。勝利に酔うことなく、勝利したならばさらに大きな謙虚をもって、そしてみずから道に処していくというようなことをしておったならば、ああいう無謀な戦争というものは起こらなかったんです。あれは治に居て乱を忘れた姿から起こった戦争だと私は思うんであります。

そういうことを考えてみましても、われわれは平和に酔うたり、成功に酔うたりしていますと、サービスすることを忘れ、感謝することを忘れ、そして世の中というものがバカに見えてきて、自分が偉くなったような感じに陥りやすいんであります。これは国におきましてもそうだと思います。会社におきましてもそうだと思うんです。また個人個人におきましても、私はそういうようになるだろうと思うんであります。

そこで心ある人は、常にみずからを戒めまして、過ちなきを期する。言い換えますと、〝治に居て乱を忘れず〟、治に居ることに感謝をして、そしてさらに努めることを覚えるということにしなくちゃならんかと思うんです。

（松下電器社員への話　昭和39年7月24日、69歳）

順境時や、一つの成功を収めたときこそ、治に居ることに感謝しつつも怠りなくなすべき備えを淡々と進めていくことを、松下幸之助氏は心がけていました。感謝の心、謙虚な気持ちを決して忘れないよう、常にみずからを戒めていた松下氏。これは、成功のための大切な心がまえといえましょう。

Q

起業して五年、幸い業績も少しずつ伸びており、業界全体も好調です。ここで一気に新しい事業を展開する攻めの経営に転じようと思っていますが、成功を確実にする秘訣は何でしょうか。

A

仕事が順調とのこと、新しい事業展開に積極的に打って出るのはいいことだと思いますが、その成功をより確実なものにするためには、現在の仕事に不安要素はないか、改善の余地はないかをあらためて見直すことが大切でしょう。たとえば関係の深い他の業種の景気はどうか、外国との関係は今後どう変化していくかなど、少し視野を広げて検討してみることも、みずからを省みる上で大いに役立ちます。

次のエピソードは、松下幸之助氏が、社会情勢を読み切れず、取引先からの要求があって初めて事業の改善に取り組むことになったことを反省している話です。

昭和三十六年、松下氏が松下通信工業を訪れると、ちょうど会議中でした。

「きょうは何の会議や」

「はい、実はトヨタさんから大幅な値引き交渉がありまして……」

通信工業ではトヨタ自動車にカーラジオを納めていましたが、その値段を、ただちに五パーセント、向こう半年で一五パーセント、合計二〇パーセント下げてほしい、という要望が来ていました。貿易の自由化に直面し、海外の自動車と太刀打《たちう》ちするためにはどうしても安くてよい自動車をつくらなくてはならない。そのためにトヨタ自動車は合理化のためのあらゆる見直しを、必死で行なっていたのです。

「それはたいへんなことやが、今いくら儲《もう》かってるんや」

「最近の仕事ですので、ようやく三パーセントほどの利益を組めるようになりました」

「きみ、わが社は一〇パーセントの純利益がなかったらやっていけん会社や。それを三パーセントでやっているとは、そのこと自体がけしからんやないか。で、どないするんや」

「それで会議をしているのです」

そこで松下氏は考えました。〝トヨタさんの要求は、貿易自由化を考えればもっともなことや。むしろわれわれは、トヨタさんの要求が来る前に、今の状況を考えて、みずから二割、三割の値下げを考えなければならなかった。ここでこうして会議を開いていること自体が手遅れやな〟。そしてこう言いました。

「これは、うちがその製造をやめるか、要望に応ずるか、二つに一つや。常識的に考えたら、この話は断わるのが筋かもしれん。しかし、できないと断わるのはいかにも知恵のない話や。もし、われわれがトヨタさんの立場に立ったら、やはり同じ要求をするやろう。きみらも驚いているが、トヨタさんはもっと心配されとる。どうしたら日本の自動車産業を維持できるか、苦しんではるのや。それを考えると、まず〝できない〟という考えを捨てることや。そして、一から新しい方法を生み出してみてはどうか。性能が落ちないことと、トヨタさんの要求されている要点は変えてはならんが、この際、思い切ってラジオの設計そのものをやり直してみてはどうや。部分的な改良ではそれだけの値下げはできん」

こうして抜本的な設計変更と、生産ラインの見直しが行われた結果、一年あまりのちには二〇パーセントの値下げに応ずることができ、しかも適正な利益が生まれるカーラジオが誕生したといいます。

このエピソードは、取引先からの値下げ要求というような〝乱〟に直面する前から、すなわち平時＝〝治〟の状態にあるときから、ほんとうに現状のままでいいのか、改善の余地はないのかと、あらゆる角度から注意深く検討・検証することの大切さを説いています。また同時に、改善や改革は、時として思い切った、不可能とさえ思われるほどの策をとって初めて成し遂げられるということも教えてくれています。

第10話

われ、人、ともに繁栄する

われわれは、われわれのために仕事をするというだけの範囲では、力強い要求が生まれてこないんであります。また、そういうことでは成功しないんであります。だから、〝われ、人、ともに繁栄する〟ということの確信がなければいかんのであります。われのみ繁栄するというような状態において、仕事というものは栄えることはないと思うんです。また栄えても困るんであります。そういう人たちが栄えちゃ困るんであります、実際言うと。やはり〝われ、人、ともに栄える〟、あるいは〝人、われ、ともに栄える〟、こういうような考えにおいてのみ、世間に対していろんな要求が許されると、私は思うんであります。

松下電器は創業四十年のあいだ、だいたいそういうような思想をもってやってきたと思うんであります。ある場合には、世間で見られまして、松下電器はどんどん拡張している、あいつとこはえらい儲《もう》けてるな、というような見方をしてですね、いや、あれは松下が儲けとんのやとか、いろんなことを言う人もございます。

しかし、私どもが商売をいたしまして、しばらくいたしまして考えましたことは、いま申しました考えに立脚してものを進めていこう、そうでなければあえて仕事を大きくする必要はないと、こういうように考えてやってまいりまして、それは終始一貫して今日もそういう考えをもっておるんであります。

これは松下電器の、私は変わらないところの一つの思想だと思うんであります。理想だと思うんであります。皆さんも松下電器の社員になられた以上は、会社のそういう思想は、やはり皆さんの思想として、私は考えていただきたいと思うんです。

皆さんが松下電器を通じまして社会に対して貢献するということ、また、そういうことによって、皆さんの繁栄もそこに約束されるということ。皆さんが先に繁栄して、そしていくという考えは、私はこれは許されない、またそういうことを考えても、それは成功しないと思うんです。一時的に成功しても反動があります。やはり相手にものを与えるというような考え方に立脚して、ともにわれもそれに乗せてもらおうというような考えでなければ、ほんとうの意味の成功はない。

日本がこれだけ繁栄してまいりまして、あの戦争に負けたということ、なぜ戦争に負けたかというと、あの戦争はどういう意味でやったか、〝われ、人、ともに栄える〟か、〝人、われ、ともに栄える〟かというような思想であの戦争をしたかどうか、私はそうでないと思う。日本が偉いんだ、はたが日本にみなついてこい、ついてきたら救ってやるというような思想があったんやないかと思うんです。そういう傲慢《ごうまん》無礼な思想をもって、ほんとうに最終の美をもたらすことはできない、成功をなすことはできないと思うんです。いかに日本人といえども、やはり〝われ、人、ともに栄える〟〝人、われ、ともに栄える〟というような考えに立脚して、ものごとは勘案されなならんと思うんです。会社自身そうである。会社で働くすべての人はみな、そうでなくちゃならんと、こう私は思うんであります。

（松下電器中間入社社員導入教育での話　昭和34年7月22日、64歳）

ともすると、人はみずからの幸せを願うあまり、他人を尊ぶ気持ちを疎《おろそ》かにしがちです。しかし、自分だけの幸せというのは本来ありえないと松下氏は訴えています。また、別の講演では「他に奉ずる程度が大きいほど、他から多く奉じられる」とも説いています。

われのみ成功するというような状態はほんとうの成功とはいえず、人に幸せを与えることから出発することが真の成功、真の繁栄につながると、松下氏は考えていたのです。

Q

技術の進歩が日進月歩の現代では、とにかく技術力、商品力こそが、会社が発展するかどうかを決めるというのが、会社の考え方、上司の方針です。でも最近、ほんとうにそれだけでいいのか迷いが生じています。

A

松下幸之助氏は、「お客様大事の心」に徹してお客様に愛されることが、自分も、またお客様も、ともに繁栄するための要諦《ようてい》であると考えていました。技術の進歩のスピードが速い現代においては、それに遅れないこともサービスの一つであり、お客様に愛される要素の一つだといえますが、それがすべてではありません。

次のエピソードは、常々「商売を進める上で大切なことは、お得意先にどれほど喜ばれ、感謝されるかだ」と語っていた松下氏のお客様大事の心がよく表われている話です。

昭和二十四年、松下電器北海道営業所が主催する販売店の懇談会が、ある温泉地で行われました。会が無事にすんだ翌朝早く、社員の一人が風呂を浴びにいくと、そこにはすでに、社長として前夜の懇談会に出席していた松下氏の姿がありました。

「おはようございます。昨晩はお疲れさまでした。お背中を流しましょうか」

と尋ねると、松下氏は、

「それはありがとう。けれども、そこにお得意様がおられる。その方を先に……」

と言います。湯煙を透かして見ると、ある販売店の店主が入っておられます。その販売店は他社の専売店で、お願いにいってもなかなかナショナル（注・旧松下電器のブランド名）の製品を置いてくれないところでしたが、小売組合の支部長をしているので、特別に懇談会に招いた方でした。社員は松下氏の言葉に従いました。

懇談会が終わった数日後、その販売店の主人から営業所に電話が入りました。

「すぐ来てほしい」

料理がまずかった、酒が少なかったと叱られるのかと、鎧《よろい》冑《かぶと》に身を固める思いで店に入った社員は驚きました。商品がすっかりナショナルに替わっていたのです。

「わしはなあ、風呂での松下さんにすっかり感激した。自分のところの社員に、自分の背中を先に流させても当たり前なのに、自分より先にわしの背中を流させた。わしはきょうから松下幸之助を売る。わしはもう絶対にナショナルだ」

もう一つ、松下氏が自社の発展だけでなく、業界全体の繁栄、共存共栄を第一に考えていたことを表わすエピソードをご紹介します。

昭和初期のこと、特許魔といわれる発明家がいて、アメリカの特許を先に読み取っては日本で登録し、それを売るということをしていました。ラジオの重要部分の特許権もその人が所有していたため、松下電器をはじめ各メーカーはラジオの設計に大きな支障を受け、業界の発展がはなはだしく阻害されていました。

こうした状況をわが国ラジオ業界発展のために大いに遺憾であると考えた松下氏は、ついに意を決してその発明家のところへ出かけ、「特許を売ってほしい」と申し出ました。そして、売る気のまったくないその発明家と我慢強く交渉した結果、二万五千円という大金で買い取ったのです。それは当時の松下電器の規模からすれば、法外の金額でした。

特許を買い取った翌日、松下氏は、それを無償公開する旨を新聞で発表しました。〝こういうものは業界みんなで使うべきもの。業界の発展のために使われるべきだ〟と考えたからです。

この特許の公開は業界にたいへんな驚きと賞賛をもって迎えられました。〝業界始まって以来の大ホームランである〟などと業界各紙で賞賛の言葉が与えられたほか、ラジオ業界全体の発展に大きな貢献をしたとして、各方面から感謝状や牌《はい》が贈られました。

〈述者紹介〉

松下幸之助（まつした　こうのすけ）

パナソニック（旧松下電器）グループ創業者、ＰＨＰ研究所創設者。

明治27（1894）年和歌山県に生まれる。9歳で単身大阪に出、火鉢店、自転車店に奉公ののち、大阪電灯㈱に勤務。大正7（1918）年、23歳で松下電器を創業。昭和21（1946）年には、「Peace and Happiness through Prosperity ＝繁栄によって平和と幸福を」のスローガンを掲げてＰＨＰ研究所を創設。平成元（1989）年に94歳で没。

松下幸之助が直接語りかける

成功のために大切なこと

2009年3月6日　第1版第1刷発行

述　者◎松下幸之助

編著者◎PHP総合研究所 経営理念研究本部

発行者◎江口克彦

発行所◎PHP研究所

東京本部 〒102-8331 千代田区三番町3番地10

ビジネス出版部 ☎03－3239－6257（編集）

普及一部 ☎03－3239－6233（販売）

京都本部 〒601-8411 京都市南区西九条北ノ内町11

PHP INTERFACE　http://www.php.co.jp/

組　版◎有限会社データ・クリップ

印刷所
製本所◎図書印刷株式会社

ISBN978-4-569-70516-3